Inhaltsverzeichnis

An Dich

Mobbing ist eine Erfahrung, die viele Menschen irgendwann im Leben machen müssen – besonders junge Menschen. Es ist schmerzhaft, dem täglichen Urteil, den Verletzungen und der Ausgrenzung von anderen ausgesetzt zu sein. Doch dieses Buch ist für dich – es soll dir helfen, dich selbst wiederzufinden, zu stärken und zu erkennen, dass du mehr bist als das, was dir angetan wurde.

Niemand sollte sich so fühlen, als wäre er oder sie weniger wert. Mobbing kann unser Selbstwertgefühl erschüttern, uns das Gefühl geben, nicht dazuzugehören oder nie gut genug zu sein. Aber es ist wichtig zu wissen, dass du wertvoll bist – genau so, wie du bist. Du verdienst es, in einem Umfeld zu leben, das dir Respekt und Anerkennung entgegenbringt.

In diesem Buch wirst du die Möglichkeit finden, dich mit deinen Erfahrungen auseinanderzusetzen. Es bietet dir nicht nur wertvolle Tipps und Übungen, um dein Selbstbewusstsein zu stärken, sondern auch einen sicheren Raum, um deine Gedanken und Gefühle zu ordnen. Du wirst lernen, mit den Auswirkungen von Mobbing umzugehen, dich selbst zu lieben und deine innere Stärke zu entdecken.

Es ist ein Prozess, und jeder Schritt zählt – vom Finden von Unterstützung über das Entwickeln von Schlagfertigkeit bis hin zu den täglichen Werkzeugen, die dir helfen, dich zu schützen und selbstbewusst zu bleiben. Die Reflexionen und Übungen in diesem Buch sollen dir helfen, die Kontrolle über dein Leben zurückzugewinnen und zu verstehen, dass du nicht alleine bist. Dein Weg zu mehr Selbstvertrauen und Stärke beginnt genau hier.

Dieses Buch ist nicht nur ein Leitfaden, sondern auch ein Begleiter auf deiner Reise, um das zu werden, was du bist: eine starke, wertvolle Person, die sich von Mobbing nicht unterkriegen lässt.
Nimm dir Zeit, nutze die Seiten, um dich auszudrücken und immer wieder daran zu denken: Du bist mehr als das, was dir passiert ist. Du bist mehr als die negativen Worte und Taten anderer. Du bist einzigartig, du bist wichtig, und du verdienst es, dich selbst zu schätzen und zu respektieren.

Viel Kraft auf deinem Weg.

Was ist Mobbing?

Mobbing ist ein ernstes Problem, das viele Menschen betrifft, besonders in Schulen und am Arbeitsplatz. Es beschreibt eine Situation, in der jemand wiederholt und über einen längeren Zeitraum hinweg absichtlich und systematisch schikaniert, bedroht oder belästigt wird. Die wichtigsten Punkte, die du wissen solltest, sind:

Definition von Mobbing

Mobbing bedeutet, dass jemand kontinuierlich durch andere Personen oder Gruppen schikaniert wird. Das kann in verschiedenen Formen auftreten:

- Psychisches Mobbing: Dazu gehören Beleidigungen, ständiges Kritisieren, Auslachen oder Herabwürdigen. Es zielt darauf ab, das Opfer emotional zu verletzen.

- Physisches Mobbing: Hierbei handelt es sich um körperliche Angriffe wie Schubsen, Schlagen oder andere Formen von Gewalt.

- Soziales Mobbing: Dies kann das absichtliche Ausgrenzen oder Isolieren des Opfers von Gruppenaktivitäten und Freundschaften umfassen.

- Cybermobbing: In der heutigen digitalen Welt bedeutet das, andere über das Internet oder Handys zu belästigen – durch beleidigende Nachrichten, das Verbreiten von Gerüchten oder andere Formen der digitalen Belästigung.

Unterschied zwischen Mobbing und Konflikten

Es ist wichtig, den Unterschied zwischen Mobbing und normalen Konflikten zu verstehen:

Konflikte
Konflikte sind normale, gelegentliche Auseinandersetzungen, die in jeder Beziehung vorkommen können – sei es zwischen Freunden, in der Familie oder in der Schule. Sie entstehen oft durch unterschiedliche Meinungen, Missverständnisse oder verschiedene Bedürfnisse. Konflikte sind in der Regel vorübergehend und können durch Kommunikation und Kompromisse gelöst werden.

Mobbing
Mobbing ist mehr als nur ein einmaliger Streit. Es ist wiederholte und absichtliche Belästigung, die über längere Zeit hinweg erfolgt. Während ein Konflikt oft durch ein klärendes Gespräch gelöst werden kann, ist Mobbing eine gezielte Strategie, um jemandem Schaden zuzufügen. Es zielt darauf ab, das Opfer zu demütigen und zu schädigen.

Arten von Mobbing

Körperliches Mobbing

Eine andere Person vorsätzlich verletzen oder einschüchtern, indem man sie schlägt, kneift, schubst, tritt oder ihr Eigentum beschädigt.

Verbales Mobbing

Die Verwendung beleidigender Sprache oder Schimpfwörter, einschließlich rassistischer und homophober Bemerkungen.

Psychologisches Mobbing

Einschüchterung oder Demütigung, die sich negativ auf die geistige Gesundheit und das Wohlbefinden auswirkt.

Cybermobbing

Wiederholtes Senden verletzender Nachrichten über soziale Medien, Spieleplattformen oder Chatrooms.

Warum Mobber mobben: Was steckt dahinter?

Mobbing ist mies, keine Frage. Aber warum tun das manche überhaupt? Hier sind ein paar Gründe, warum Mobber andere fertig machen:

1. Unsicherheit überdecken:
Viele Mobber fühlen sich selbst unsicher. Um das zu verstecken, versuchen sie, andere kleinzumachen. Indem sie andere schlecht dastehen lassen, fühlen sie sich kurzzeitig besser – aber das ist nur eine Tarnung für ihre eigenen Schwächen.

2. Aufmerksamkeit suchen:
Manche Mobber wollen einfach im Mittelpunkt stehen. Sie denken, wenn sie andere runterputzen, kriegen sie die Aufmerksamkeit, die sie sich wünschen. Leider merken sie nicht, dass sie sich damit nur noch unbeliebter machen.

3. Eifersucht und Neid:
Oft stecken Eifersucht oder Neid dahinter. Wenn jemand etwas hat oder kann, was der Mobber gern hätte, wird das zum Problem. Anstatt sich über die Erfolge anderer zu freuen, versuchen sie, diese schlechtzumachen.

4. Druck von außen:
Mobber stehen manchmal selbst unter Druck – sei es von Freunden, der Familie oder der Schule. Um diesen Stress abzubauen, lassen sie ihn an anderen aus. Sie suchen ein Ventil für ihre eigenen Probleme, auch wenn das unfair und verletzend ist.

5. Schlechte Vorbilder:
Manchmal haben Mobber in ihrem Umfeld schlechte Vorbilder, die selbst aggressiv oder herablassend sind. Sie lernen, dass Macht und Kontrolle über andere der Weg sind, um sich durchzusetzen, und ahmen dieses Verhalten nach.

Verstehen, warum Mobber mobben, kann helfen, besser mit der Situation umzugehen. Aber egal, was der Grund ist – Mobbing ist nie okay. Es ist wichtig, dass du dich wehrst und Unterstützung suchst, wenn du gemobbt wirst.

Warum manche nur zuschauen

Mobbing ist schlimm, aber noch schlimmer wird es, wenn andere einfach nur zuschauen und nichts unternehmen. Warum gibt es diese Mitläufer, die nicht eingreifen? Hier sind ein paar Gründe:

1. Angst, selbst zum Ziel zu werden:
Viele haben Angst, dass sie selbst ins Visier geraten, wenn sie etwas sagen. Sie denken, dass es sicherer ist, nichts zu tun, als sich gegen den Mobber zu stellen und vielleicht selbst gemobbt zu werden.

2. Gruppendruck:
Oft ist es der Druck, in der Gruppe dazuzugehören, der Leute davon abhält, etwas gegen Mobbing zu unternehmen. Sie wollen nicht als Außenseiter dastehen und fürchten, von der Clique ausgeschlossen zu werden, wenn sie sich gegen das Mobbing wehren.

3. Unsicherheit, was zu tun ist:
Manchmal wissen Mitläufer einfach nicht, wie sie helfen können. Sie sind unsicher und haben Angst, die Situation noch schlimmer zu machen, wenn sie sich einmischen. Also bleiben sie lieber still, obwohl sie wissen, dass das falsch ist.

4. Das Problem nicht ernst nehmen:
Manche erkennen gar nicht, wie schlimm das Mobbing für das Opfer wirklich ist. Sie denken, es sei nur ein „Spaß“ oder „nicht so schlimm“. Diese Gleichgültigkeit sorgt dafür, dass sie nicht eingreifen, obwohl sie es könnten.

5. Fehlendes Selbstbewusstsein:
Viele Mitläufer haben nicht das nötige Selbstbewusstsein, um sich gegen den Mobber zu stellen. Sie glauben, dass ihre Stimme nicht zählt oder dass sie allein nichts ändern können, und lassen die Situation einfach laufen.

Auch wenn es schwer sein kann, sich gegen Mobbing zu stellen, ist es wichtig, dass jeder seinen Teil dazu beiträgt, es zu stoppen. Schon kleine Taten können einen großen Unterschied machen – sei es, indem man das Opfer unterstützt, Hilfe holt oder klar sagt, dass Mobbing nicht okay ist.

Boost dein Selbstbewusstsein: So geht's!

Jeder will selbstbewusst durchs Leben gehen, aber manchmal fühlt man sich einfach unsicher. Keine Panik – hier sind ein paar einfache Tipps, wie du dein Selbstbewusstsein als Teenie aufbauen kannst:

1. Mach dir deine Stärken klar:
Überleg dir, was du richtig gut kannst. Ob du super im Zeichnen bist, anderen gut zuhörst oder im Sport abräumst – deine Fähigkeiten sind dein Ding! Schreib dir deine Stärken auf und erinnere dich daran, wenn du mal zweifelst.

2. Step-by-Step-Ziele setzen:
Große Ziele wirken oft einschüchternd. Fang klein an! Setz dir realistische Ziele und arbeite Schritt für Schritt darauf hin. Jede gemeisterte Challenge gibt dir einen richtigen Selbstbewusstseins-Kick.

3. Trau dich aus deiner Komfortzone:
Probier neue Sachen aus! Sei es ein neues Hobby, ein anderes Outfit oder ein Gespräch mit jemandem, den du bewunderst. Jedes Mal, wenn du dich traust, wächst dein Selbstbewusstsein.

4. Fehler sind deine Freunde:
Klar, niemand macht gerne Fehler, aber sie gehören dazu. Statt dich darüber zu ärgern, sieh sie als Chance, etwas Neues zu lernen. Jedes Mal, wenn du aus einem Fehler etwas Positives ziehst, wächst dein Selbstvertrauen und du merkst, dass du an deinen Herausforderungen wachsen kannst.

5. Kümmer dich um dich selbst:
Wie du dich fühlst, hat auch viel mit deinem Äußeren zu tun. Wenn du Kleidung trägst, die dir gefällt, dich aufrecht hältst und dir Zeit für deine Pflege nimmst, fühlst du dich gleich viel wohler in deiner Haut. Und wenn du dich gut fühlst, strahlst du das auch aus.

6. Positive Vibes only:
Umgib dich mit Leuten, die dir ein gutes Gefühl geben und dich so akzeptieren, wie du bist. Freunde und Familie, die dich unterstützen und dir Mut machen, sind Gold wert. Sie helfen dir, dein Selbstbewusstsein aufzubauen und zu festigen.

7. Lerne „Nein" zu sagen:
Zu wissen, wann du „Nein" sagen musst, ist super wichtig. Es zeigt, dass du deine Grenzen kennst und respektierst. Selbstbewusste Menschen lassen sich nicht zu allem überreden, nur um anderen zu gefallen. Sie stehen für sich ein und wissen, was sie wollen.

Mit diesen Tipps wirst du nach und nach ein echtes Power-Selbstbewusstsein entwickeln – also, go for it!

Stärke dein Selbstbewusstsein!

Kraftvolle „Ich"-Affirmationen stärken dein Selbstbewusstsein und fördern eine positive Einstellung.

1. Ich bin stark und mutig.
2. Ich verdiene Liebe und Respekt.
3. Ich vertraue auf meine Fähigkeiten.
4. Ich bin genug, genau so wie ich bin.
5. Ich lerne aus meinen Fehlern und wachse daran.
6. Ich bin stolz auf das, was ich erreicht habe.
7. Ich bin voller positiver Energie.
8. Ich bin wertvoll und wichtig.
9. Ich ziehe Positives in mein Leben.
10. Ich bin fähig, alles zu erreichen, was ich mir vornehme.
11. Ich umgebe mich mit positiven Menschen.
12. Ich strahle Selbstvertrauen und Gelassenheit aus.
13. Ich achte auf mich und meine Bedürfnisse.
14. Ich lasse los, was mir nicht gut tut.
15. Ich bin ein einzigartiger und wertvoller Mensch.

Wähle eine oder mehrere „Ich"-Affirmationen aus, die dir gut gefallen. Wiederhole sie jeden Tag laut oder in Gedanken, am besten morgens nach dem Aufstehen oder abends vor dem Schlafen. Du kannst sie auch aufschreiben und an einen Ort hängen, wo du sie oft siehst, wie zum Beispiel an deinen Spiegel. Je öfter du diese positiven Sätze sprichst, hörst und liest, desto mehr glaubst du daran – und desto stärker wirst du dich fühlen!

Ich mag mich, weil:

Ich mag mich, weil:

Finde deine Unterstützer: Mit anderen zusammen gegen Mobbing

In schwierigen Zeiten ist es besonders wichtig, Menschen um sich zu haben, die einem den Rücken stärken. In der Schule, auf dem Pausenhof, im Verein oder in Kursen gibt es bestimmt nette Mitschüler und Freunde, die dir zur Seite stehen können. Überlege, wer dir gut tut und bei wem du dich wohl fühlst. Vielleicht gibt es jemanden, mit dem du in den Pausen zusammen sein kannst, sodass du den Mobber vermeidest und stattdessen die Zeit mit Leuten verbringst, die dich unterstützen.

Wenn du merkst, dass deine aktuellen Freunde nicht helfen können, scheue dich nicht, neue Freundschaften zu knüpfen. Schau dich um: Vielleicht gibt es jemanden in deiner Klasse oder im Verein, den du sympathisch findest und mit dem du bisher wenig zu tun hattest. Manchmal entstehen die besten Freundschaften genau dann, wenn man es am wenigsten erwartet.

Vertraue darauf, dass es viele andere Jugendliche gibt, die genauso auf der Suche nach netten Menschen sind wie du. Ob beim gemeinsamen Sport, im Kurs oder einfach beim Quatschen – zusammen seid ihr stärker. Indem du dich mit positiven Menschen umgibst, zeigst du den Mobbern, dass du nicht allein bist und dass sie dir nichts anhaben können. Und wer weiß – vielleicht findest du auf diesem Weg Freunde fürs Leben, die dich nicht nur jetzt, sondern auch in Zukunft unterstützen.

Potenzielle Freunde und Helfer in schwierigen Zeiten:

Schlagfertige Antworten: So konterst du Mobbing

Manchmal ist es schwer, die richtigen Worte zu finden, wenn dich jemand mobbt. Aber mit ein paar schlagfertigen Antworten kannst du zeigen, dass du dir nichts gefallen lässt. Hier sind einige Ideen, die dir helfen können:

1. „Interessant, dass du dir so viel Mühe gibst, über mich nachzudenken."
2. „Danke für deine Meinung, auch wenn ich sie nicht gebraucht habe."
3. „Hast du nichts Besseres zu tun?"
4. „Dein Verhalten sagt mehr über dich aus als über mich."
5. „Und das war jetzt dein bester Versuch?"
6. „Wenn ich deine Meinung brauche, lass ich es dich wissen."
7. „Tut mir leid, dass dein Leben so langweilig ist."
8. „Wenn Lästern eine Sportart wäre, wärst du Olympiasieger."
9. „Witzig, dass du denkst, mich interessiert, was du sagst."1
0. „Schon mal überlegt, einen neuen Job als Komiker zu beginnen?"
11. „Es muss echt hart sein, so viel Negatives in sich zu tragen."
12. „Danke, dass du mir zeigst, wie ich niemals sein möchte."
13. „Ist das alles, was du drauf hast?"
14. „Stell dir vor, ich weine gleich... vor Lachen."
15. „Du redest, aber es kommt nichts Sinnvolles dabei raus."
16. „Wie wäre es, wenn du deine Energie in etwas Produktives steckst?"
17. „Klingt wie ein gutes Konzept für eine Comedy-Show."
18. „Es ist beeindruckend, wie du es schaffst, dich so wenig zu verbessern."

Antworten für verschiedene Situationen, in denen ein Mobber dich absichtlich behindert oder provoziert:

1. Mobber blockiert den Eingang zur Klasse.
„Wenn du so viel Zeit hast, um mich aufzuhalten, hast du vielleicht einfach Langeweile."

2. Mobber schubst dich beim Vorbeigehen.
„Hast du das Gefühl, dass du dich durch schubsen besser fühlst?"

3. Mobber macht ständig sarkastische Kommentare über deine Kleidung.
„Die Mode ist individuell, und ich bin stolz auf meinen eigenen Stil."

4. Mobber macht über deine Hausaufgaben her.
„Vielleicht bin ich nur so gut, dass du darüber reden musst."

5. Mobber verbreitet Gerüchte über dich.
„Interessant, dass du so viel Zeit mit meinem Leben verbringst, anstatt mit deinem eigenen."

6. Mobber nimmt deine Sachen ohne zu fragen.
„Wenn du etwas brauchst, sag es einfach. Ich leih's dir vielleicht sogar aus."

7. Mobber sagt dir, dass du bei einer Gruppenarbeit nichts beiträgst.
„Schön, dass du so viel über meine Arbeit nachdenkst. Vielleicht sollten wir uns mal austauschen."

8. Mobber schneidet dir den Weg ab, um dich zu ärgern.
„Wow, du bist echt kreativ beim Finden von Wegen, um mich zu blockieren."

9. Mobber kommentiert ständig deine Sportleistungen negativ.
„Jeder hat seinen eigenen Fortschritt. Vielleicht bist du einfach neidisch auf meine Verbesserungen."

10. Mobber versucht, dich in der Gruppe lächerlich zu machen.
„Wenn du versuchst, mich lächerlich zu machen, zeigt das nur, wie wichtig ich dir bin."

11. Mobber gibt dir ständig unnötige und kritische Ratschläge.
„Danke für die Ratschläge, aber ich habe meine eigene Methode, die gut funktioniert."

12. Mobber stellt sich absichtlich im Weg, wenn du etwas erreichen willst.
„Klar, dich brauche ich nicht als Hindernis auf meinem Weg zum Erfolg."

13. Mobber macht Witze über dein Aussehen.
„Schön, dass du so viel Zeit mit meinem Aussehen verbringst. Was machst du sonst den ganzen Tag?"

14. Mobber lacht über deine Stimme oder Art zu reden.
„Vielleicht findest du meine Stimme ungewöhnlich, aber ich finde sie einzigartig."

Meine Erste-Hilfe-Sätze:

Meine Erste-Hilfe-Sätze:

Wöchentliche Reflexion

📅 Woche von ________________ bis ________________

Wie hast du dich diese Woche gefühlt?

😊 Sehr gut

😐 Ganz okay

😟 Eher schlecht

Was war diese Woche cool?

Was war schwierig?

Was hast du über dich selbst gelernt?

Deine Gedanken zur Woche:

Wöchentliche Reflexion

📅 Woche von ________________ bis ________________

Wie hast du dich diese Woche gefühlt?

😊 Sehr gut

😐 Ganz okay

😟 Eher schlecht

Was war diese Woche cool?

____

____

____

Was war schwierig?

____

____

____

Was hast du über dich selbst gelernt?

____

____

____

Deine Gedanken zur Woche:

____

____

____

____

____

Wöchentliche Reflexion

📅 Woche von ________________ bis ________________

Wie hast du dich diese Woche gefühlt?

😊 Sehr gut

😐 Ganz okay

😟 Eher schlecht

Was war diese Woche cool?

____

____

____

Was war schwierig?

____

____

____

Was hast du über dich selbst gelernt?

____

____

____

Deine Gedanken zur Woche:

____

____

____

____

____

Wöchentliche Reflexion

📅 Woche von ________________ bis ________________

Wie hast du dich diese Woche gefühlt?

😊 Sehr gut

😐 Ganz okay

😟 Eher schlecht

Was war diese Woche cool?

____

____

____

Was war schwierig?

____

____

____

Was hast du über dich selbst gelernt?

____

____

____

Deine Gedanken zur Woche:

____

____

____

____

____

Wöchentliche Reflexion

📅 Woche von ________________ bis ________________

Wie hast du dich diese Woche gefühlt?

😊 Sehr gut

😐 Ganz okay

😟 Eher schlecht

Was war diese Woche cool?

Was war schwierig?

Was hast du über dich selbst gelernt?

Deine Gedanken zur Woche:

Wöchentliche Reflexion

📅 Woche von ________________ bis ________________

Wie hast du dich diese Woche gefühlt?

😊 Sehr gut

😐 Ganz okay

😟 Eher schlecht

Was war diese Woche cool?

Was war schwierig?

Was hast du über dich selbst gelernt?

Deine Gedanken zur Woche:

Wöchentliche Reflexion

📅 Woche von ________________ bis ________________

Wie hast du dich diese Woche gefühlt?

😊 Sehr gut

😐 Ganz okay

😟 Eher schlecht

Was war diese Woche cool?

____

____

____

Was war schwierig?

____

____

____

Was hast du über dich selbst gelernt?

____

____

____

Deine Gedanken zur Woche:

____

____

____

____

____

Wöchentliche Reflexion

📅 Woche von ________________ bis ________________

Wie hast du dich diese Woche gefühlt?

😊 Sehr gut

😐 Ganz okay

😟 Eher schlecht

Was war diese Woche cool?

____

____

____

Was war schwierig?

____

____

____

Was hast du über dich selbst gelernt?

____

____

____

Deine Gedanken zur Woche:

____

____

____

____

____

Wöchentliche Reflexion

📅 Woche von ________________ bis ________________

Wie hast du dich diese Woche gefühlt?

😊 Sehr gut

😐 Ganz okay

😟 Eher schlecht

Was war diese Woche cool?

____

____

____

Was war schwierig?

____

____

____

Was hast du über dich selbst gelernt?

____

____

____

Deine Gedanken zur Woche:

____

____

____

____

____

Wöchentliche Reflexion

📅 Woche von ________________ bis ________________

Wie hast du dich diese Woche gefühlt?

😊 Sehr gut

😐 Ganz okay

😟 Eher schlecht

Was war diese Woche cool?

___

___

___

Was war schwierig?

___

___

___

Was hast du über dich selbst gelernt?

___

___

___

Deine Gedanken zur Woche:

___

___

___

___

___

Wöchentliche Reflexion

📅 Woche von ________________ bis ________________

Wie hast du dich diese Woche gefühlt?

😊 Sehr gut

😐 Ganz okay

😟 Eher schlecht

Was war diese Woche cool?

____

____

____

Was war schwierig?

____

____

____

Was hast du über dich selbst gelernt?

____

____

____

Deine Gedanken zur Woche:

____

____

____

____

____

Wöchentliche Reflexion

📅 Woche von ________________ bis ________________

Wie hast du dich diese Woche gefühlt?

😊 Sehr gut

😐 Ganz okay

😟 Eher schlecht

Was war diese Woche cool?

____

____

____

Was war schwierig?

____

____

____

Was hast du über dich selbst gelernt?

____

____

____

Deine Gedanken zur Woche:

____

____

____

____

____

Wöchentliche Reflexion

📅 Woche von ________________ bis ________________

Wie hast du dich diese Woche gefühlt?

😊 Sehr gut

😐 Ganz okay

😟 Eher schlecht

Was war diese Woche cool?

Was war schwierig?

Was hast du über dich selbst gelernt?

Deine Gedanken zur Woche:

Wöchentliche Reflexion

📅 Woche von ________________ bis ________________

Wie hast du dich diese Woche gefühlt?

😊 Sehr gut

😐 Ganz okay

😟 Eher schlecht

Was war diese Woche cool?

Was war schwierig?

Was hast du über dich selbst gelernt?

Deine Gedanken zur Woche:

Wöchentliche Reflexion

📅 Woche von ________________ bis ________________

Wie hast du dich diese Woche gefühlt?

😊 Sehr gut

😐 Ganz okay

😟 Eher schlecht

Was war diese Woche cool?

____

____

____

Was war schwierig?

____

____

____

Was hast du über dich selbst gelernt?

____

____

____

Deine Gedanken zur Woche:

____

____

____

____

____

Wöchentliche Reflexion

📅 Woche von ________________ bis ________________

Wie hast du dich diese Woche gefühlt?

😊 Sehr gut

😐 Ganz okay

😟 Eher schlecht

Was war diese Woche cool?

___

___

___

Was war schwierig?

___

___

___

Was hast du über dich selbst gelernt?

___

___

___

Deine Gedanken zur Woche:

___

___

___

___

___

Wöchentliche Reflexion

📅 Woche von ________________ bis ________________

Wie hast du dich diese Woche gefühlt?

😊 Sehr gut

😐 Ganz okay

😟 Eher schlecht

Was war diese Woche cool?

Was war schwierig?

Was hast du über dich selbst gelernt?

Deine Gedanken zur Woche:

Wöchentliche Reflexion

📅 Woche von ________________ bis ________________

Wie hast du dich diese Woche gefühlt?

😊 Sehr gut

😐 Ganz okay

😟 Eher schlecht

Was war diese Woche cool?

____

____

____

Was war schwierig?

____

____

____

Was hast du über dich selbst gelernt?

____

____

____

Deine Gedanken zur Woche:

____

____

____

____

____

Wöchentliche Reflexion

📅 Woche von ________________ bis ________________

Wie hast du dich diese Woche gefühlt?

😊 Sehr gut

😐 Ganz okay

😟 Eher schlecht

Was war diese Woche cool?

Was war schwierig?

Was hast du über dich selbst gelernt?

Deine Gedanken zur Woche:

Wöchentliche Reflexion

📅 Woche von ______________ bis ______________

Wie hast du dich diese Woche gefühlt?

😊 Sehr gut

😐 Ganz okay

😟 Eher schlecht

Was war diese Woche cool?

___

___

___

Was war schwierig?

___

___

___

Was hast du über dich selbst gelernt?

___

___

___

Deine Gedanken zur Woche:

___

___

___

___

___

Wöchentliche Reflexion

📅 Woche von ________________ bis ________________

Wie hast du dich diese Woche gefühlt?

😊 Sehr gut

😐 Ganz okay

😟 Eher schlecht

Was war diese Woche cool?

____

____

____

Was war schwierig?

____

____

____

Was hast du über dich selbst gelernt?

____

____

____

Deine Gedanken zur Woche:

____

____

____

____

____

Wöchentliche Reflexion

📅 Woche von ________________ bis ________________

Wie hast du dich diese Woche gefühlt?

😊 Sehr gut

😐 Ganz okay

😟 Eher schlecht

Was war diese Woche cool?

Was war schwierig?

Was hast du über dich selbst gelernt?

Deine Gedanken zur Woche:

Wöchentliche Reflexion

📅 Woche von ________________ bis ________________

Wie hast du dich diese Woche gefühlt?

😊 Sehr gut

😐 Ganz okay

😟 Eher schlecht

Was war diese Woche cool?

____

____

____

Was war schwierig?

____

____

____

Was hast du über dich selbst gelernt?

____

____

____

Deine Gedanken zur Woche:

____

____

____

____

____

Wöchentliche Reflexion

📅 Woche von ________________ bis ________________

Wie hast du dich diese Woche gefühlt?

😊 Sehr gut

😐 Ganz okay

😟 Eher schlecht

Was war diese Woche cool?

____

____

____

Was war schwierig?

____

____

____

Was hast du über dich selbst gelernt?

____

____

____

Deine Gedanken zur Woche:

____

____

____

____

____

Wöchentliche Reflexion

📅 Woche von ________________ bis ________________

Wie hast du dich diese Woche gefühlt?

😊 Sehr gut

😐 Ganz okay

😟 Eher schlecht

Was war diese Woche cool?

Was war schwierig?

Was hast du über dich selbst gelernt?

Deine Gedanken zur Woche:

Wöchentliche Reflexion

📅 Woche von ________________ bis ________________

Wie hast du dich diese Woche gefühlt?

😊 Sehr gut

😐 Ganz okay

😟 Eher schlecht

Was war diese Woche cool?

____

____

____

Was war schwierig?

____

____

____

Was hast du über dich selbst gelernt?

____

____

____

Deine Gedanken zur Woche:

____

____

____

____

____

Wöchentliche Reflexion

📅 Woche von ______________ bis ______________

Wie hast du dich diese Woche gefühlt?

😊 Sehr gut

😐 Ganz okay

😟 Eher schlecht

Was war diese Woche cool?

Was war schwierig?

Was hast du über dich selbst gelernt?

Deine Gedanken zur Woche:

Wöchentliche Reflexion

📅 Woche von ________________ bis ________________

Wie hast du dich diese Woche gefühlt?

😊 Sehr gut

😐 Ganz okay

😟 Eher schlecht

Was war diese Woche cool?

Was war schwierig?

Was hast du über dich selbst gelernt?

Deine Gedanken zur Woche:

Wöchentliche Reflexion

📅 Woche von ________________ bis ________________

Wie hast du dich diese Woche gefühlt?

😊 Sehr gut

😐 Ganz okay

😟 Eher schlecht

Was war diese Woche cool?

____

____

____

Was war schwierig?

____

____

____

Was hast du über dich selbst gelernt?

____

____

____

Deine Gedanken zur Woche:

____

____

____

____

____

Wöchentliche Reflexion

📅 Woche von ________________ bis ________________

Wie hast du dich diese Woche gefühlt?

😊 Sehr gut

😐 Ganz okay

😟 Eher schlecht

Was war diese Woche cool?

____

____

____

Was war schwierig?

____

____

____

Was hast du über dich selbst gelernt?

____

____

____

Deine Gedanken zur Woche:

____

____

____

____

____

Wöchentliche Reflexion

📅 Woche von ____________________ bis ____________________

Wie hast du dich diese Woche gefühlt?

😊 Sehr gut

😐 Ganz okay

😟 Eher schlecht

Was war diese Woche cool?

____

____

____

Was war schwierig?

____

____

____

Was hast du über dich selbst gelernt?

____

____

____

Deine Gedanken zur Woche:

____

____

____

____

____

Wöchentliche Reflexion

📅 Woche von ________________ bis ________________

Wie hast du dich diese Woche gefühlt?

😊 Sehr gut

😐 Ganz okay

😟 Eher schlecht

Was war diese Woche cool?

____

____

____

Was war schwierig?

____

____

____

Was hast du über dich selbst gelernt?

____

____

____

Deine Gedanken zur Woche:

____

____

____

____

____

Wöchentliche Reflexion

📅 Woche von ________________ bis ________________

Wie hast du dich diese Woche gefühlt?

😊 Sehr gut

😐 Ganz okay

😟 Eher schlecht

Was war diese Woche cool?

____

____

____

Was war schwierig?

____

____

____

Was hast du über dich selbst gelernt?

____

____

____

Deine Gedanken zur Woche:

____

____

____

____

____

Wöchentliche Reflexion

📆 Woche von ______________ bis ______________

Wie hast du dich diese Woche gefühlt?

😊 Sehr gut

😐 Ganz okay

😟 Eher schlecht

Was war diese Woche cool?

Was war schwierig?

Was hast du über dich selbst gelernt?

Deine Gedanken zur Woche:

Wöchentliche Reflexion

📅 Woche von ________________ bis ________________

Wie hast du dich diese Woche gefühlt?

😊 Sehr gut

😐 Ganz okay

😟 Eher schlecht

Was war diese Woche cool?

____

____

____

Was war schwierig?

____

____

____

Was hast du über dich selbst gelernt?

____

____

____

Deine Gedanken zur Woche:

____

____

____

____

____

Wöchentliche Reflexion

📅 Woche von ______________ bis ______________

Wie hast du dich diese Woche gefühlt?

😊 Sehr gut

😐 Ganz okay

😟 Eher schlecht

Was war diese Woche cool?

___

___

___

Was war schwierig?

___

___

___

Was hast du über dich selbst gelernt?

___

___

___

Deine Gedanken zur Woche:

___

___

___

___

___

Wöchentliche Reflexion

📅 Woche von ________________ bis ________________

Wie hast du dich diese Woche gefühlt?

😊 Sehr gut

😐 Ganz okay

😟 Eher schlecht

Was war diese Woche cool?

____

____

____

Was war schwierig?

____

____

____

Was hast du über dich selbst gelernt?

____

____

____

Deine Gedanken zur Woche:

____

____

____

____

____

Wöchentliche Reflexion

📅 Woche von ______________ bis ______________

Wie hast du dich diese Woche gefühlt?

😊 Sehr gut

😐 Ganz okay

😟 Eher schlecht

Was war diese Woche cool?

____

____

____

Was war schwierig?

____

____

____

Was hast du über dich selbst gelernt?

____

____

____

Deine Gedanken zur Woche:

____

____

____

____

____

Wöchentliche Reflexion

📅 Woche von ________________ bis ________________

Wie hast du dich diese Woche gefühlt?

😊 Sehr gut

😐 Ganz okay

😟 Eher schlecht

Was war diese Woche cool?

____

____

____

Was war schwierig?

____

____

____

Was hast du über dich selbst gelernt?

____

____

____

Deine Gedanken zur Woche:

____

____

____

____

____

Wöchentliche Reflexion

📅 Woche von ________________ bis ________________

Wie hast du dich diese Woche gefühlt?

😊 Sehr gut

😐 Ganz okay

😟 Eher schlecht

Was war diese Woche cool?

___

___

___

Was war schwierig?

___

___

___

Was hast du über dich selbst gelernt?

___

___

___

Deine Gedanken zur Woche:

___

___

___

___

___

Wöchentliche Reflexion

📅 Woche von ________________ bis ________________

Wie hast du dich diese Woche gefühlt?

😊 Sehr gut

😐 Ganz okay

😟 Eher schlecht

Was war diese Woche cool?

____

____

____

Was war schwierig?

____

____

____

Was hast du über dich selbst gelernt?

____

____

____

Deine Gedanken zur Woche:

____

____

____

____

____

Wöchentliche Reflexion

📅 Woche von ________________ bis ________________

Wie hast du dich diese Woche gefühlt?

😊 Sehr gut

😐 Ganz okay

😟 Eher schlecht

Was war diese Woche cool?

___

___

___

Was war schwierig?

___

___

___

Was hast du über dich selbst gelernt?

___

___

___

Deine Gedanken zur Woche:

___

___

___

___

___

Wöchentliche Reflexion

📅 Woche von ________________ bis ________________

Wie hast du dich diese Woche gefühlt?

😊 Sehr gut

😐 Ganz okay

😟 Eher schlecht

Was war diese Woche cool?

____

____

____

Was war schwierig?

____

____

____

Was hast du über dich selbst gelernt?

____

____

____

Deine Gedanken zur Woche:

____

____

____

____

____

Wöchentliche Reflexion

📅 Woche von ________________ bis ________________

Wie hast du dich diese Woche gefühlt?

😊 Sehr gut

😐 Ganz okay

😟 Eher schlecht

Was war diese Woche cool?

Was war schwierig?

Was hast du über dich selbst gelernt?

Deine Gedanken zur Woche:

Wöchentliche Reflexion

📅 Woche von ________________ bis ________________

Wie hast du dich diese Woche gefühlt?

😊 Sehr gut

😐 Ganz okay

😟 Eher schlecht

Was war diese Woche cool?

____

____

____

Was war schwierig?

____

____

____

Was hast du über dich selbst gelernt?

____

____

____

Deine Gedanken zur Woche:

____

____

____

____

____

Wöchentliche Reflexion

📅 Woche von ________________ bis ________________

Wie hast du dich diese Woche gefühlt?

😊 Sehr gut

😐 Ganz okay

😟 Eher schlecht

Was war diese Woche cool?

Was war schwierig?

Was hast du über dich selbst gelernt?

Deine Gedanken zur Woche:

Wöchentliche Reflexion

📅 Woche von ____________ bis ____________

Wie hast du dich diese Woche gefühlt?

😊 Sehr gut

😐 Ganz okay

😟 Eher schlecht

Was war diese Woche cool?

Was war schwierig?

Was hast du über dich selbst gelernt?

Deine Gedanken zur Woche:

Wöchentliche Reflexion

📅 Woche von ________________ bis ________________

Wie hast du dich diese Woche gefühlt?

😊 Sehr gut

😐 Ganz okay

😟 Eher schlecht

Was war diese Woche cool?

____

____

____

Was war schwierig?

____

____

____

Was hast du über dich selbst gelernt?

____

____

____

Deine Gedanken zur Woche:

____

____

____

____

____

Wöchentliche Reflexion

📅 Woche von ________________ bis ________________

Wie hast du dich diese Woche gefühlt?

😊 Sehr gut

😐 Ganz okay

😟 Eher schlecht

Was war diese Woche cool?

____

____

____

Was war schwierig?

____

____

____

Was hast du über dich selbst gelernt?

____

____

____

Deine Gedanken zur Woche:

____

____

____

____

____

Wöchentliche Reflexion

📅 Woche von ________________ bis ________________

Wie hast du dich diese Woche gefühlt?

😊 Sehr gut

😐 Ganz okay

😟 Eher schlecht

Was war diese Woche cool?

____

____

____

Was war schwierig?

____

____

____

Was hast du über dich selbst gelernt?

____

____

____

Deine Gedanken zur Woche:

____

____

____

____

____

Wöchentliche Reflexion

📅 Woche von ________________ bis ________________

Wie hast du dich diese Woche gefühlt?

😊 Sehr gut

😐 Ganz okay

😟 Eher schlecht

Was war diese Woche cool?

____

____

____

Was war schwierig?

____

____

____

Was hast du über dich selbst gelernt?

____

____

____

Deine Gedanken zur Woche:

____

____

____

____

____

Wöchentliche Reflexion

📅 Woche von ________________ bis ________________

Wie hast du dich diese Woche gefühlt?

😊 Sehr gut

😐 Ganz okay

😟 Eher schlecht

Was war diese Woche cool?

____

____

____

Was war schwierig?

____

____

____

Was hast du über dich selbst gelernt?

____

____

____

Deine Gedanken zur Woche:

____

____

____

____

____

Wöchentliche Reflexion

📅 Woche von ________________ bis ________________

Wie hast du dich diese Woche gefühlt?

😊 Sehr gut

😐 Ganz okay

😟 Eher schlecht

Was war diese Woche cool?

____

____

____

Was war schwierig?

____

____

____

Was hast du über dich selbst gelernt?

____

____

____

Deine Gedanken zur Woche:

____

____

____

____

____

Wöchentliche Reflexion

📅 Woche von ________________ bis ________________

Wie hast du dich diese Woche gefühlt?

😊 Sehr gut

😐 Ganz okay

😟 Eher schlecht

Was war diese Woche cool?

____

____

____

Was war schwierig?

____

____

____

Was hast du über dich selbst gelernt?

____

____

____

Deine Gedanken zur Woche:

____

____

____

____

____

Wöchentliche Reflexion

📅 Woche von ____________ bis ____________

Wie hast du dich diese Woche gefühlt?

😊 Sehr gut

😐 Ganz okay

😟 Eher schlecht

Was war diese Woche cool?

Was war schwierig?

Was hast du über dich selbst gelernt?

Deine Gedanken zur Woche:

Wöchentliche Reflexion

📅 Woche von ________________ bis ________________

Wie hast du dich diese Woche gefühlt?

😊 Sehr gut

😐 Ganz okay

😟 Eher schlecht

Was war diese Woche cool?

____

____

____

Was war schwierig?

____

____

____

Was hast du über dich selbst gelernt?

____

____

____

Deine Gedanken zur Woche:

____

____

____

____

____

Selbstliebe-Quiz

Wie gut kennst du dich selbst, und wie sehr schätzt du dich? Mach dieses Quiz und finde es heraus! Kreuze an, was auf dich zutrifft.

Wie sehr liebst du dich selbst?
Ich finde an jedem Tag etwas, das ich gut an mir finde.

Ja
Manchmal
Nein

Ich vergleiche mich selten mit anderen und bin zufrieden mit dem, was ich habe.

Ja
Manchmal
Nein

Ich sorge gut für mich, z. B. indem ich genug schlafe oder Dinge tue, die mir guttun.

Ja
Manchmal
Nein

Ich rede freundlich mit mir selbst, auch wenn mal etwas schiefgeht.

Ja
Manchmal
Nein

Ich stehe zu meinen Gefühlen und lasse mir Zeit, sie zu verarbeiten.

Ja
Manchmal
Nein

Ich setze mir Ziele, die mir wichtig sind, und arbeite darauf hin.

Ja
Manchmal
Nein

Ich habe ein Hobby oder eine Sache, die ich richtig gerne mache.

Ja
Manchmal
Nein

Ich kann "Nein" sagen, wenn mir etwas nicht guttut.

Ja
Manchmal
Nein

Ich genieße es, Zeit mit mir selbst zu verbringen.

Ja
Manchmal
Nein

Ich bin stolz auf das, was ich erreicht habe, egal wie groß oder klein es ist.

Ja
Manchmal
Nein

Auswertung

Vorwiegend Ja: Du bist auf einem guten Weg, dich selbst zu lieben und wertzuschätzen. Weiter so!
Vorwiegend Manchmal: Du machst Fortschritte. Vielleicht gibt es noch Bereiche, an denen du arbeiten kannst, um dich selbst mehr zu schätzen.
Vorwiegend Nein: Das ist okay! Dieses Quiz ist ein Anfang. Überlege dir, wie du liebevoller mit dir selbst umgehen kannst.
Denke daran: Selbstliebe ist ein Weg, kein Ziel. Jeder kleine Schritt zählt!

Dein Raum für Selbstliebe

Was bedeutet Selbstliebe für dich? Gestalte diese Seite, wie du möchtest! Du kannst zeichnen, Wörter schreiben, etwas einkleben oder sie mit Farben füllen, die dich glücklich machen. Hier ist Platz für deine Kreativität und alles, was dir wichtig ist.

Power-Playlist für die Seele

Musik kann wie eine Umarmung für die Seele sein. Hier kannst du deine Lieblingssongs eintragen, die dich stärken, motivieren oder einfach nur glücklich machen.

Songtitel	Künstler/in	Warum gibt Dir dieser Song Kraft?

Finde deinen Mut-Stern

In schwierigen Momenten hilft es, an das Gute zu denken. Male deinen Mut-Stern aus und trage in jede Spitze etwas ein, das dir Kraft gibt.

Was ich anderen mitgeben möchte

Du hast viel erlebt und gelernt. Was würdest du anderen sagen, die vielleicht gerade etwas Ähnliches durchmachen? Nutze diesen Raum, um Mut zu machen oder Tipps zu teilen.

Deine Gefühle in Bildern

Manchmal lassen sich Gefühle schwer in Worte fassen. Hier kannst du malen, zeichnen oder einfach aufschreiben, wie du dich fühlst.
Nimm dir Buntstifte, Marker oder das, was dir am meisten Spaß macht.

Dein Wunschrätsel

Fülle dieses Wunschrätsel aus und entdecke, was dir am Herzen liegt. In den Kästchen kannst du deine Wünsche eintragen.

Wunsch	**Warum ist er wichtig für dich?**	**Wie kannst du ihn erreichen?**

Dein Mobbingtagebuch: So gehst du vor

Damit du besser zeigen kannst, was passiert, ist es wichtig, alle Vorfälle zu dokumentieren. Hier sind ein paar Tipps, wie du das machst:

- Details zum Vorfall festhalten
Schreib auf, wer beteiligt war und was genau passiert ist. Wie hast du die Situation erlebt?

- Zeit und Ort notieren
Merke dir das genaue Datum, die Uhrzeit und den Ort des Geschehens.

- Zeugenliste führen
Wer hat den Vorfall mitbekommen? Das könnten Mitschüler, Lehrer oder andere Personen sein, die später als Zeugen aussagen können.

- Folgen dokumentieren
Wenn das Mobbing Spuren hinterlassen hat, wie zerstörte Sachen oder Verletzungen, dann notiere das auch.

Indem du alles aufschreibst, hast du eine klare Übersicht und kannst zeigen, was wirklich passiert ist. Das kann dir helfen, Unterstützung zu bekommen und das Mobbing zu stoppen.

Du bist nicht allein – es gibt immer jemanden, der dir helfen kann!

MOBBINGTAGEBUCH

📅 Datum und Uhrzeit: ______________________

📍 Ort des Vorfalls: ______________________

👤 Beteiligte Personen:

____

____

📓 Beschreibung des Vorfalls:

____

____

____

____

____

____

____

____

👁 Gab es Zeugen? Wie haben sie reagiert?

____

____

____

____

____

____

Meine Reaktion auf den Vorfall:

Gemeldet, wann und an wen:

Ich fühlte mich:

Weitere Bemerkungen:

MOBBINGTAGEBUCH

Datum und Uhrzeit: ______________________

Ort des Vorfalls: ______________________

Beteiligte Personen:

____

____

Beschreibung des Vorfalls:

____

____

____

____

____

____

____

____

Gab es Zeugen? Wie haben sie reagiert?

____

____

____

____

____

____

Meine Reaktion auf den Vorfall:

Gemeldet, wann und an wen:

Ich fühlte mich:

Weitere Bemerkungen:

MOBBINGTAGEBUCH

📅 Datum und Uhrzeit: ______________________

📍 Ort des Vorfalls: ______________________

👤 Beteiligte Personen:

____

____

📓Beschreibung des Vorfalls:

____

____

____

____

____

____

____

____

👁 Gab es Zeugen? Wie haben sie reagiert?

____

____

____

____

____

____

Meine Reaktion auf den Vorfall:

Gemeldet, wann und an wen:

Ich fühlte mich:

Weitere Bemerkungen:

MOBBINGTAGEBUCH

📅 Datum und Uhrzeit: ______________________________

📍 Ort des Vorfalls: ______________________________

👤 Beteiligte Personen:

____

____

📓 Beschreibung des Vorfalls:

____

____

____

____

____

____

____

____

👁 Gab es Zeugen? Wie haben sie reagiert?

____

____

____

____

____

____

Meine Reaktion auf den Vorfall:

Gemeldet, wann und an wen:

Ich fühlte mich:

Weitere Bemerkungen:

MOBBINGTAGEBUCH

Datum und Uhrzeit: ____________________

Ort des Vorfalls: ____________________

Beteiligte Personen:

____

____

Beschreibung des Vorfalls:

____

____

____

____

____

____

____

____

Gab es Zeugen? Wie haben sie reagiert?

____

____

____

____

____

____

Meine Reaktion auf den Vorfall:

Gemeldet, wann und an wen:

Ich fühlte mich:

Weitere Bemerkungen:

MOBBINGTAGEBUCH

Datum und Uhrzeit: ______________________

Ort des Vorfalls: ______________________

Beteiligte Personen:

____

____

Beschreibung des Vorfalls:

____

____

____

____

____

____

____

____

Gab es Zeugen? Wie haben sie reagiert?

____

____

____

____

____

____

Meine Reaktion auf den Vorfall:

Gemeldet, wann und an wen:

Ich fühlte mich:

Weitere Bemerkungen:

MOBBINGTAGEBUCH

Datum und Uhrzeit: ______________________________

Ort des Vorfalls: ______________________________

Beteiligte Personen:

____

____

Beschreibung des Vorfalls:

____

____

____

____

____

____

____

____

Gab es Zeugen? Wie haben sie reagiert?

____

____

____

____

____

____

Meine Reaktion auf den Vorfall:

Gemeldet, wann und an wen:

Ich fühlte mich:

Weitere Bemerkungen:

MOBBINGTAGEBUCH

Datum und Uhrzeit: ______________________

Ort des Vorfalls: ______________________

Beteiligte Personen:

____

____

Beschreibung des Vorfalls:

____

____

____

____

____

____

____

____

Gab es Zeugen? Wie haben sie reagiert?

____

____

____

____

____

____

Meine Reaktion auf den Vorfall:

Gemeldet, wann und an wen:

Ich fühlte mich:

Weitere Bemerkungen:

MOBBINGTAGEBUCH

📅 Datum und Uhrzeit: ______________________________

📍 Ort des Vorfalls: ______________________________

👤 Beteiligte Personen:

____

____

📒 Beschreibung des Vorfalls:

____

____

____

____

____

____

____

____

👁 Gab es Zeugen? Wie haben sie reagiert?

____

____

____

____

____

____

Meine Reaktion auf den Vorfall:

Gemeldet, wann und an wen:

Ich fühlte mich:

Weitere Bemerkungen:

MOBBINGTAGEBUCH

Datum und Uhrzeit: ____________________

Ort des Vorfalls: ____________________

Beteiligte Personen:

Beschreibung des Vorfalls:

Gab es Zeugen? Wie haben sie reagiert?

💭 Meine Reaktion auf den Vorfall:

____

____

____

____

📢 Gemeldet, wann und an wen:

____

____

____

____

❤Ich fühlte mich:

____

____

____

____

📝 Weitere Bemerkungen:

____

____

____

____

Meine Reaktion auf den Vorfall:

Gemeldet, wann und an wen:

Ich fühlte mich:

Weitere Bemerkungen:

Meine Reaktion auf den Vorfall:

Gemeldet, wann und an wen:

Ich fühlte mich:

Weitere Bemerkungen:

MOBBINGTAGEBUCH

Datum und Uhrzeit: ______________________

Ort des Vorfalls: ______________________

Beteiligte Personen:

____

____

Beschreibung des Vorfalls:

____

____

____

____

____

____

____

____

Gab es Zeugen? Wie haben sie reagiert?

____

____

____

____

____

____

Meine Reaktion auf den Vorfall:

Gemeldet, wann und an wen:

Ich fühlte mich:

Weitere Bemerkungen:

MOBBINGTAGEBUCH

Datum und Uhrzeit: ______________________

Ort des Vorfalls: ______________________

Beteiligte Personen:

____

____

Beschreibung des Vorfalls:

____

____

____

____

____

____

____

____

Gab es Zeugen? Wie haben sie reagiert?

____

____

____

____

____

____

Meine Reaktion auf den Vorfall:

Gemeldet, wann und an wen:

Ich fühlte mich:

Weitere Bemerkungen:

MOBBINGTAGEBUCH

📅 Datum und Uhrzeit: ______________________________

📍 Ort des Vorfalls: ______________________________

👤 Beteiligte Personen:

____

____

📓 Beschreibung des Vorfalls:

____

____

____

____

____

____

____

____

👁 Gab es Zeugen? Wie haben sie reagiert?

____

____

____

____

____

____

Meine Reaktion auf den Vorfall:

Gemeldet, wann und an wen:

Ich fühlte mich:

Weitere Bemerkungen:

MOBBINGTAGEBUCH

📅 Datum und Uhrzeit: ______________________

📍 Ort des Vorfalls: ______________________

👤 Beteiligte Personen:

____

____

📒 Beschreibung des Vorfalls:

____

____

____

____

____

____

____

____

👁 Gab es Zeugen? Wie haben sie reagiert?

____

____

____

____

____

____

Meine Reaktion auf den Vorfall:

Gemeldet, wann und an wen:

Ich fühlte mich:

Weitere Bemerkungen:

MOBBINGTAGEBUCH

📅 Datum und Uhrzeit: ______________________

📍 Ort des Vorfalls: ______________________

👤 Beteiligte Personen:

____

____

📓 Beschreibung des Vorfalls:

____

____

____

____

____

____

____

____

👁 Gab es Zeugen? Wie haben sie reagiert?

____

____

____

____

____

____

Meine Reaktion auf den Vorfall:

Gemeldet, wann und an wen:

Ich fühlte mich:

Weitere Bemerkungen:

MOBBINGTAGEBUCH

Datum und Uhrzeit: ____________________

Ort des Vorfalls: ____________________

Beteiligte Personen:

____

____

Beschreibung des Vorfalls:

____

____

____

____

____

____

____

____

Gab es Zeugen? Wie haben sie reagiert?

____

____

____

____

____

____

Meine Reaktion auf den Vorfall:

Gemeldet, wann und an wen:

Ich fühlte mich:

Weitere Bemerkungen:

MOBBINGTAGEBUCH

📅 Datum und Uhrzeit: ______________________________

📍 Ort des Vorfalls: ______________________________

👤 Beteiligte Personen:

____

____

📓Beschreibung des Vorfalls:

____

____

____

____

____

____

____

____

👁 Gab es Zeugen? Wie haben sie reagiert?

____

____

____

____

____

____

Meine Reaktion auf den Vorfall:

Gemeldet, wann und an wen:

Ich fühlte mich:

Weitere Bemerkungen:

MOBBINGTAGEBUCH

Datum und Uhrzeit: ______________________

Ort des Vorfalls: ______________________

Beteiligte Personen:

____

____

Beschreibung des Vorfalls:

____

____

____

____

____

____

____

____

Gab es Zeugen? Wie haben sie reagiert?

____

____

____

____

____

____

Meine Reaktion auf den Vorfall:

Gemeldet, wann und an wen:

Ich fühlte mich:

Weitere Bemerkungen:

MOBBINGTAGEBUCH

📅 Datum und Uhrzeit: ______________________

📍 Ort des Vorfalls: ______________________

👤 Beteiligte Personen:

____

____

📓Beschreibung des Vorfalls:

____

____

____

____

____

____

____

____

👁 Gab es Zeugen? Wie haben sie reagiert?

____

____

____

____

____

____

Meine Reaktion auf den Vorfall:

Gemeldet, wann und an wen:

Ich fühlte mich:

Weitere Bemerkungen:

MOBBINGTAGEBUCH

Datum und Uhrzeit: ______________________

Ort des Vorfalls: ______________________

Beteiligte Personen:

____

____

Beschreibung des Vorfalls:

____

____

____

____

____

____

____

____

Gab es Zeugen? Wie haben sie reagiert?

____

____

____

____

____

____

Meine Reaktion auf den Vorfall:

Gemeldet, wann und an wen:

Ich fühlte mich:

Weitere Bemerkungen:

MOBBINGTAGEBUCH

📅 Datum und Uhrzeit: ______________________

📍 Ort des Vorfalls: ______________________

👤 Beteiligte Personen:

____

____

Beschreibung des Vorfalls:

____

____

____

____

____

____

____

____

👁 Gab es Zeugen? Wie haben sie reagiert?

____

____

____

____

____

____

Meine Reaktion auf den Vorfall:

Gemeldet, wann und an wen:

Ich fühlte mich:

Weitere Bemerkungen:

MOBBINGTAGEBUCH

📅 Datum und Uhrzeit: ______________________

📍 Ort des Vorfalls: ______________________

👤 Beteiligte Personen:

____

____

📓 Beschreibung des Vorfalls:

____

____

____

____

____

____

____

____

👁 Gab es Zeugen? Wie haben sie reagiert?

____

____

____

____

____

____

💭 Meine Reaktion auf den Vorfall:

📢 Gemeldet, wann und an wen:

❤️Ich fühlte mich:

📝 Weitere Bemerkungen:

MOBBINGTAGEBUCH

📅 Datum und Uhrzeit: ______________________

📍 Ort des Vorfalls: ______________________

👤 Beteiligte Personen:

____

____

📓 Beschreibung des Vorfalls:

____

____

____

____

____

____

____

____

👁 Gab es Zeugen? Wie haben sie reagiert?

____

____

____

____

____

____

💭 Meine Reaktion auf den Vorfall:

📢 Gemeldet, wann und an wen:

🖤Ich fühlte mich:

📝 Weitere Bemerkungen:

MOBBINGTAGEBUCH

Datum und Uhrzeit: ____________________

Ort des Vorfalls: ____________________

Beteiligte Personen:

Beschreibung des Vorfalls:

Gab es Zeugen? Wie haben sie reagiert?

Meine Reaktion auf den Vorfall:

Gemeldet, wann und an wen:

Ich fühlte mich:

Weitere Bemerkungen:

MOBBINGTAGEBUCH

📅 Datum und Uhrzeit: ______________________

📍 Ort des Vorfalls: ______________________

👤 Beteiligte Personen:

____

____

📓 Beschreibung des Vorfalls:

____

____

____

____

____

____

____

____

👁 Gab es Zeugen? Wie haben sie reagiert?

____

____

____

____

____

____

Meine Reaktion auf den Vorfall:

Gemeldet, wann und an wen:

Ich fühlte mich:

Weitere Bemerkungen:

MOBBINGTAGEBUCH

📅 Datum und Uhrzeit: ______________________

📍 Ort des Vorfalls: ______________________

👤 Beteiligte Personen:

____

____

📓 Beschreibung des Vorfalls:

____

____

____

____

____

____

____

____

👁 Gab es Zeugen? Wie haben sie reagiert?

____

____

____

____

____

____

Meine Reaktion auf den Vorfall:

Gemeldet, wann und an wen:

Ich fühlte mich:

Weitere Bemerkungen:

MOBBINGTAGEBUCH

Datum und Uhrzeit: ____________________

Ort des Vorfalls: ____________________

Beteiligte Personen:

____

____

Beschreibung des Vorfalls:

____

____

____

____

____

____

____

____

Gab es Zeugen? Wie haben sie reagiert?

____

____

____

____

____

____

Meine Reaktion auf den Vorfall:

Gemeldet, wann und an wen:

Ich fühlte mich:

Weitere Bemerkungen:

MOBBINGTAGEBUCH

Datum und Uhrzeit: ______________________

Ort des Vorfalls: ______________________

Beteiligte Personen:

____

____

Beschreibung des Vorfalls:

____

____

____

____

____

____

____

____

Gab es Zeugen? Wie haben sie reagiert?

____

____

____

____

____

____

Meine Reaktion auf den Vorfall:

Gemeldet, wann und an wen:

Ich fühlte mich:

Weitere Bemerkungen:

MOBBINGTAGEBUCH

Datum und Uhrzeit: ______________________

Ort des Vorfalls: ______________________

Beteiligte Personen:

____

____

Beschreibung des Vorfalls:

____

____

____

____

____

____

____

____

Gab es Zeugen? Wie haben sie reagiert?

____

____

____

____

____

____

Meine Reaktion auf den Vorfall:

Gemeldet, wann und an wen:

Ich fühlte mich:

Weitere Bemerkungen:

MOBBINGTAGEBUCH

📅 Datum und Uhrzeit: ______________________

📍 Ort des Vorfalls: ______________________

👤 Beteiligte Personen:

____

____

📓 Beschreibung des Vorfalls:

____

____

____

____

____

____

____

____

👁 Gab es Zeugen? Wie haben sie reagiert?

____

____

____

____

____

____

Meine Reaktion auf den Vorfall:

Gemeldet, wann und an wen:

Ich fühlte mich:

Weitere Bemerkungen:

MOBBINGTAGEBUCH

📅 Datum und Uhrzeit: ______________________

📍 Ort des Vorfalls: ______________________

👤 Beteiligte Personen:

____

____

📓Beschreibung des Vorfalls:

____

____

____

____

____

____

____

____

👁 Gab es Zeugen? Wie haben sie reagiert?

____

____

____

____

____

____

Meine Reaktion auf den Vorfall:

Gemeldet, wann und an wen:

Ich fühlte mich:

Weitere Bemerkungen:

Meine Reaktion auf den Vorfall:

Gemeldet, wann und an wen:

Ich fühlte mich:

Weitere Bemerkungen:

💭 Meine Reaktion auf den Vorfall:

📢 Gemeldet, wann und an wen:

❤Ich fühlte mich:

📝 Weitere Bemerkungen:

MOBBINGTAGEBUCH

Datum und Uhrzeit: ______________________

Ort des Vorfalls: ______________________

Beteiligte Personen:

____

____

Beschreibung des Vorfalls:

____

____

____

____

____

____

____

____

Gab es Zeugen? Wie haben sie reagiert?

____

____

____

____

____

____

💭 Meine Reaktion auf den Vorfall:

📢 Gemeldet, wann und an wen:

❤️Ich fühlte mich:

📝 Weitere Bemerkungen:

MOBBINGTAGEBUCH

📅 Datum und Uhrzeit: ______________________________

📍 Ort des Vorfalls: ______________________________

👤 Beteiligte Personen:

____

____

📒Beschreibung des Vorfalls:

____

____

____

____

____

____

____

____

👁 Gab es Zeugen? Wie haben sie reagiert?

____

____

____

____

____

____

Meine Reaktion auf den Vorfall:

Gemeldet, wann und an wen:

Ich fühlte mich:

Weitere Bemerkungen:

MOBBINGTAGEBUCH

Datum und Uhrzeit: ______________________

Ort des Vorfalls: ______________________

Beteiligte Personen:

____

____

Beschreibung des Vorfalls:

____

____

____

____

____

____

____

____

Gab es Zeugen? Wie haben sie reagiert?

____

____

____

____

____

____

Meine Reaktion auf den Vorfall:

Gemeldet, wann und an wen:

Ich fühlte mich:

Weitere Bemerkungen:

MOBBINGTAGEBUCH

Datum und Uhrzeit: ______________________

Ort des Vorfalls: ______________________

Beteiligte Personen:

____

____

Beschreibung des Vorfalls:

____

____

____

____

____

____

____

____

Gab es Zeugen? Wie haben sie reagiert?

____

____

____

____

____

____

💭 Meine Reaktion auf den Vorfall:

📢 Gemeldet, wann und an wen:

❤Ich fühlte mich:

📝 Weitere Bemerkungen:

MOBBINGTAGEBUCH

📅 Datum und Uhrzeit: ______________________

📍 Ort des Vorfalls: ______________________

👤 Beteiligte Personen:

____

____

📓Beschreibung des Vorfalls:

____

____

____

____

____

____

____

____

👁 Gab es Zeugen? Wie haben sie reagiert?

____

____

____

____

____

____

Meine Reaktion auf den Vorfall:

Gemeldet, wann und an wen:

Ich fühlte mich:

Weitere Bemerkungen:

MOBBINGTAGEBUCH

Datum und Uhrzeit:

Ort des Vorfalls:

Beteiligte Personen:

Beschreibung des Vorfalls:

Gab es Zeugen? Wie haben sie reagiert?

Meine Reaktion auf den Vorfall:

Gemeldet, wann und an wen:

Ich fühlte mich:

Weitere Bemerkungen:

MOBBINGTAGEBUCH

Datum und Uhrzeit: ______________________

Ort des Vorfalls: ______________________

Beteiligte Personen:

____

____

Beschreibung des Vorfalls:

____

____

____

____

____

____

____

____

Gab es Zeugen? Wie haben sie reagiert?

____

____

____

____

____

____

Meine Reaktion auf den Vorfall:

Gemeldet, wann und an wen:

Ich fühlte mich:

Weitere Bemerkungen:

MOBBINGTAGEBUCH

Datum und Uhrzeit: ____________________

Ort des Vorfalls: ____________________

Beteiligte Personen:

Beschreibung des Vorfalls:

Gab es Zeugen? Wie haben sie reagiert?

Meine Reaktion auf den Vorfall:

Gemeldet, wann und an wen:

Ich fühlte mich:

Weitere Bemerkungen:

MOBBINGTAGEBUCH

Datum und Uhrzeit: ______________________

Ort des Vorfalls: ______________________

Beteiligte Personen:

____

____

Beschreibung des Vorfalls:

____

____

____

____

____

____

____

____

Gab es Zeugen? Wie haben sie reagiert?

____

____

____

____

____

____

Meine Reaktion auf den Vorfall:

Gemeldet, wann und an wen:

Ich fühlte mich:

Weitere Bemerkungen:

MOBBINGTAGEBUCH

Datum und Uhrzeit: ______________________

Ort des Vorfalls: ______________________

Beteiligte Personen:

____

____

Beschreibung des Vorfalls:

____

____

____

____

____

____

____

____

Gab es Zeugen? Wie haben sie reagiert?

____

____

____

____

____

____

Meine Reaktion auf den Vorfall:

Gemeldet, wann und an wen:

Ich fühlte mich:

Weitere Bemerkungen:

MOBBINGTAGEBUCH

Datum und Uhrzeit: ______________________

Ort des Vorfalls: ______________________

Beteiligte Personen:

____

____

Beschreibung des Vorfalls:

____

____

____

____

____

____

____

____

Gab es Zeugen? Wie haben sie reagiert?

____

____

____

____

____

____

Meine Reaktion auf den Vorfall:

Gemeldet, wann und an wen:

Ich fühlte mich:

Weitere Bemerkungen:

MOBBINGTAGEBUCH

Datum und Uhrzeit: ______________________

Ort des Vorfalls: ______________________

Beteiligte Personen:

____

____

Beschreibung des Vorfalls:

____

____

____

____

____

____

____

____

Gab es Zeugen? Wie haben sie reagiert?

____

____

____

____

____

____

💭 Meine Reaktion auf den Vorfall:

📢 Gemeldet, wann und an wen:

❤️Ich fühlte mich:

📝 Weitere Bemerkungen:

MOBBINGTAGEBUCH

📅 Datum und Uhrzeit: ______________________

📍 Ort des Vorfalls: ______________________

👤 Beteiligte Personen:

____

____

📓 Beschreibung des Vorfalls:

____

____

____

____

____

____

____

____

👁 Gab es Zeugen? Wie haben sie reagiert?

____

____

____

____

____

____

Meine Reaktion auf den Vorfall:

Gemeldet, wann und an wen:

Ich fühlte mich:

Weitere Bemerkungen:

MOBBINGTAGEBUCH

Datum und Uhrzeit: ______________________

Ort des Vorfalls: ______________________

Beteiligte Personen:

____

____

Beschreibung des Vorfalls:

____

____

____

____

____

____

____

____

Gab es Zeugen? Wie haben sie reagiert?

____

____

____

____

____

____

Meine Reaktion auf den Vorfall:

Gemeldet, wann und an wen:

Ich fühlte mich:

Weitere Bemerkungen:

MOBBINGTAGEBUCH

Datum und Uhrzeit: ______________________

Ort des Vorfalls: ______________________

Beteiligte Personen:

____

____

Beschreibung des Vorfalls:

____

____

____

____

____

____

____

____

Gab es Zeugen? Wie haben sie reagiert?

____

____

____

____

____

____

Meine Reaktion auf den Vorfall:

Gemeldet, wann und an wen:

Ich fühlte mich:

Weitere Bemerkungen:

MOBBINGTAGEBUCH

📅 Datum und Uhrzeit: ______________________

📍 Ort des Vorfalls: ______________________

👤 Beteiligte Personen:

____

____

📓 Beschreibung des Vorfalls:

____

____

____

____

____

____

____

____

👁 Gab es Zeugen? Wie haben sie reagiert?

____

____

____

____

____

____

Meine Reaktion auf den Vorfall:

Gemeldet, wann und an wen:

Ich fühlte mich:

Weitere Bemerkungen:

MOBBINGTAGEBUCH

📅 Datum und Uhrzeit: ______________________

📍 Ort des Vorfalls: ______________________

👤 Beteiligte Personen:

____

____

📓 Beschreibung des Vorfalls:

____

____

____

____

____

____

____

____

👁 Gab es Zeugen? Wie haben sie reagiert?

____

____

____

____

____

____

💭 Meine Reaktion auf den Vorfall:

📢 Gemeldet, wann und an wen:

❤Ich fühlte mich:

📝 Weitere Bemerkungen:

Meine Gedanken:

Meine Gedanken:

Meine Gedanken:

Meine Gedanken:

Meine Gedanken:

Meine Gedanken:

Meine Gedanken:

Meine Gedanken:

Meine Gedanken:

Printed in Poland
by Amazon Fulfillment
Poland Sp. z o.o., Wrocław

54818240R00109